COMMUNE DES ANGLES

EXTRAIT

DU

BULLETIN DE LA SOCIÉTÉ DES LETTRES, SCIENCES ET ARTS

DE LA CORREZE

(4e Livraison 1880)

MONOGRAPHIE

DE LA COMMUNE

DES ANGLES

PAR

Ch. MELON DE PRADOU

Officier d'Académie

Président de la Société des Lettres, Sciences et Arts de la Corrèze

TULLE

IMPRIMERIE CRAUFFON ADMINISTRATIVE ET COMMERCIALE

10, rue du Fouret et place Saint-Bernard, 1

1880

COMMUNE DES ANGLES

Le voyageur qui suit la route nationale de Tulle à Paris est agréablement surpris, arrivé au cinquième kilomètre, du spectacle qui s'offre à sa vue. Jusqu'à cette distance, la route, bornée à droite et à gauche par des collines, ne présente aucun intérêt. Mais, au point indiqué, il en est tout autrement : on domine, sur la droite, une vallée délicieuse bordée par les eaux bleues et limpides de la Corrèze; de vastes prairies s'étendent sur les bords; au milieu, des maisons blanches et une église; plus haut, des cottages ensoleillés, et, plus haut encore, des bois châtaigniers aux branches touffues et arrondies; le tout couronné et protégé par des pics de bruyères aux couleurs variées.

Cette vallée, que l'œil embrasse dans tous ses contours, cet oasis ravissant forme la commune des Angles (1).

Cette commune fait partie du canton sud de Tulle dont elle est séparée par une distance de six kilomètres ; elle confronte avec les communes de Tulle, Gimel, Bar et Naves. Aucune route ne la traverse : elle sera, dans peu de temps, l'assiette d'un chemin de grande communication reliant la commune de Saint-Clément, canton de Seilhac, à la route nationale de Lyon à Bordeaux.

Une route, récemment créée sur la rive droite de la

---

(1) Archives départementales. — Contributions directes. — Annuaires de la Corrèze.

Corrèze, que les habitants traversent au moyen d'un pont situé en face du bourg, lui rend d'immenses services en facilitant les communications avec le chef-lieu du département et les cantons de Corrèze et de Seilhac. Les habitants, avant cette création, n'avaient pour toute issue, à l'extrémité d'une côte ardue, que la route nationale ci-dessus indiquée, qui rendait beaucoup plus long le trajet au chef-lieu (1).

La commune des Angles est une des plus petites du département de la Corrèze sous le rapport de l'étendue et de la population. Elle n'a ni foires, ni marchés, et pas de commerce. Les habitants se livrent seulement à l'agriculture et viennent souvent au chef-lieu, les jours de marché, pour écouler leurs produits et vendre leurs châtaignes, justement appréciées, en raison d'une saveur exceptionnelle que leur donnent la nature et l'exposition du sol.

La propriété est travaillée généralement par des colons exploitant à mi-fruits avec les propriétaires du fonds.

Avant la révolution de 1789, la commune des Angles, ou plutôt la paroisse des Angles, pour parler le langage du temps, appartenait, presque en entier, au couvent des Feuillants, au Grand-Séminaire, aux Visitandines et aux Clairettes de Tulle.

En 1765, d'après le rôle des Collectes, fait par Mᵉ Desfarges, commissaire de l'Intendant, les villages portaient les noms de :

1° Le Bourg ;
2° Lapeyre ;
3° Laborie ;
4° Le Coudert ;
5° Les Combes ;
6° La Ribeyrie ;
7° Le Massoulier ;
8° Lafond.

---

(1) Les travaux relatifs à l'ouverture de cette route ont été commencés en mars 1771 avec des ateliers de charité.

Le nombre des feux était de dix-neuf; celui des cotes de quarante; les rentes possédées par les habitants étaient de quinze livres. La taille d'industrie rapportait quatre livres, onze sols, trois deniers.

La taille sur les dix dernières années antérieures à 1765 s'élevait à :

Année 1755	368	livres;
— 1756	380	—
— 1757	350	—
— 1758	368	—
— 1759	370	—
— 1760	370	—
— 1761	360	—
— 1762	310	—
— 1763	350	—
— 1764	365	—

Au marc le franc, cinq sols six deniers trois cinquièmes.

Le commissaire Desfarges, dans ses observations générales, dit que le terrain de la paroisse des Angles n'est pas mauvais, qu'il produit du seigle, de l'avoine, du blé noir, des châtaignes et du froment; les habitants, ajoute-t-il, autres que les métayers de plusieurs domaines, y sont pauvres.

A cette époque, la commune contenait deux mille cinq cent dix sestérées, savoir :

En terres labourables	1,596
En champs froids	291
En taillis	37
En châtaigneraies	318
En prés	209 1/2
En pacages	59

En 1788, d'après l'agent du fisc, M⁰ Roussel, chargé d'établir l'impôt des décimes, cette paroisse est fort petite; elle est à une lieue de Tulle, environnée de montagnes fort escarpées et traversée par la rivière de Corrèze. Elle est fort sujette à la gelée, et le territoire très sablonneux est assis sur le tuf. Les habitants ne font aucun commerce ; ils ne recueillent que du seigle, de l'avoine menue, du blé noir, des châtaignes et très peu de froment. Les prairies sont de médiocre qualité et fort sujettes à être ensablées par des débordements fréquents de la Corrèze et des torrents qui se précipitent des montagnes. Il n'y a ni foires ni marchés ; les habitants sont dans l'usage de fréquenter ceux de la ville de Tulle. Elle relève directement des Feuillants de Tulle qui en sont les seigneurs et les décimateurs. Le séminaire de Tulle ne laisse pas d'y posséder aussi quelques rentes ou redevances sur un petit nombre de sujets.

A cette époque (1788), le territoire de la paroisse était divisé par cantons au nombre de onze :

1° Du Bourg ;
2° Lapeyre ;
3° Laborie-Blanche ;
4° Le Coudert ;
5° Lacombe ;
6° La Ribeyrie ;
7° Le Massoulier ;
8° Lafond ;
9° Lavigne ;
10° Le Petit-Massoulier ;
11° Aux Baspeyras.

Le canton du Bourg contenait en étendue environ cent sestérées dont soixante pour les taillables et le surplus aux R. P. Feuillants et aux dames Sainte-Claire de Tulle.

Savoir : Terres labourables, quinze sestérées ; prés, douze sestérées ; bois châtaigniers, vingt-quatre sestérées ; broussailles, quatre sestérées ; terrains incultes, sept sestérées.

Le canton de Lapeyre contenait soixante-dix

sestérées ; savoir : Terres labourables, vingt-quatre sestérées ; prés, dix sestérées ; châtaigneraies, douze sestérées ; pacages, trois sestérées; le surplus en terrains incultes.

Le canton de Laborie-Blanche contenait cent quarante sestérées ; savoir : Terres labourables, cinquante sestérées ; prés, quarante sestérées ; châtaigneraies, trente sestérées ; pacages, douze sestérées ; le surplus en terrains incultes.

Le canton du Coudert contenait cent sestérées ; savoir : Terres labourables, cinquante sestérées, prés vingt sestérées ; châtaigneraies, sept sestérées ; le surplus en terrains incultes.

Le canton de la Ribeyrie contenait cent quatre-vingts sestérées dont soixante appartenaient aux taillables et le surplus aux R. P. Feuillants et aux Visitandines de Tulle.

Savoir : Terres labourables, vingt sestérées ; prés, deux sestérées; châtaigneraies, douze sestérées ; le surplus était inculte.

Le canton de Lacombe contenait vingt sestérées ; savoir : Terres labourables, six sestérées ; prés, une sestérée ; le surplus inculte.

Le canton du Massoulier contenait trois cent quatre-vingts sestérées, dont cent soixante pour les taillables et le surplus au séminaire de Tulle ; savoir : Terres labourables, soixante sestérées ; prés, trois sestérées ; châtaigneraies, vingt sestérées; pacages, trois sestérées ; le surplus, inculte.

Le canton de Lafond contenait deux cent cinquante sestérées dont cinquante-six pour les taillables et le surplus au séminaire de Tulle ; Savoir : Terres labourables, vingt sestérées ; prés, deux sestérées ; châtaigneraies, douze sestérées ; le surplus inculte.

Le canton de La Vigne contenait trente-deux sestérées ; savoir : Terres labourables, sept sestérées ; prés, huit sestérées ; pacages, cinq sestérées ; le surplus inculte.

Le canton du Petit-Massoulier contenait trente-cinq sestérées de bois châtaignier.

Le canton d'Aubaspeyras pouvait contenir cent quarante sestérées et appartenait en totalité au Grand-Séminaire de Tulle.

En résumé, les R. P. Feuillants, seigneurs décimateurs de cette paroisse, possédaient (1) :

1° Une maison dans le bourg occupée par le curé ;
2° Prés .... 1ʳᵉ qualité 11 s. 1 c. revenu de 66 l. 10 s.
3° Châtaigneraies. 2° — 15 » — 14 5
4° Champs froids.......... 9 » — » 9
5° Dîmes évaluées........................... 320 »

TOTAL... 401 l. 4 s.

Les objets ci-dessus étaient affermés à Martial Beyssac, moyennant trois cent vingt-quatre livres argent, douze sestiers de seigle et vingt quintaux de foin.

Les dames religieuses de la Visitation de Tulle (2) possédaient un domaine au village de la Ribeyrie et affermé à moitié prix à Antoine Tuillière et à Jean Mongéral ; il consistait en :

---

(1) Cette maison monastique dut sa première institution à un petit nombre de moines de l'ordre de Citeaux qui furent appelés à Tulle en 1615. Les premiers auteurs de ces établissements dans notre pays furent Jean-Martin Sammarsal et Charles Lafagerdie. Nous aurons à nous occuper ci-après du premier de ces personnages en raison du prieuré qui existait dans la commune des Angles.

(2) En 1644, ces religieuses, détachées du couvent de Périgueux, vinrent s'établir à Tulle sous la direction de Françoise de Montagnac. Elle furent autorisées par l'évêque le 17 octobre de cette même année et leur établissement confirmé par lettres patentes du roi Louis XIV au mois d'avril 1658.

Une maison, jardin et chenevières, contenant 1 sestérée et d'un revenu de............................ 6 l. » s.
Terres labourables. 1ʳᵉ qualité. 11 s. revenu de. 19   16
— 2° — 25 — 30 »
— 3° — 15 — 9 »
Prés............ 1ʳᵉ qualité. 5 revenu de. 30 »
— 2° — 7 — 28 »
— 3° — 5 — 6 »
Châtaigneraies.... 2ᵉ qualité. 3 revenu de. 6 »
Taillis........... 1ʳᵉ qualité. 12 revenu de. 12 »
Champs froids............... 29 revenu de. 1   9
Pacages, 1ʳᵉ qualité......... 6 revenu de. 10 »

155 l.   2 s.

Le Séminaire de Tulle (1) possédait un domaine au village du Massoulier, consistant en maisons et bâtiments occupés par les fermiers :

Jardins et chenevières contenant 1 sestérée, revenu 6 l. » s.
Terres labourables. 1ʳᵉ qualité. 30 s. revenu de.. 54 »
— 2° — 23 — 27 12
— 3° — 19 — 11 8
Prés............ 1ʳᵉ qualité. 12 revenu de.. 72 »
— 2° — 10 — 40 »
— 3° — 7 — 14 »
Pacages......... 1ʳᵉ qualité. 7 revenu de.. 7 »
— 2° — 6 — 3 »
Châtaigneraies.... 1ʳᵉ qualité. 30 revenu de.. 42 »
— 2° — 27 — 25 13
— 3° — 11 — 4 . 19
Taillis........... 1ʳᵉ qualité. 8 revenu de.. 8 »
Chaumes............... 20 revenu de.. 5 »
Brandes............... 10 revenu de.. » 10

321 l. » s.

Ce domaine avait été affermé pour neuf ans à Michel Maugein et à Jean Vedrenne par deux baux de ferme

---

(1) Cet établissement devait son origine et ses revenus à un habitant de Tulle, François Lagarde, homme très riche qui lui laissa en mourant, en 1631, toute sa fortune. Son testament fut confirmé par arrêt du parlement de Paris, en date du 11 septembre 1688.

reçus par Mᵉ Baudry, notaire à Tulle, les 20 et 25 janvier 1760, moyennant 227 livres 6 sols.

Le Séminaire possédait, en outre, un domaine au village d'Aubaspeyras consistant en une maison occupée par le fermier.

Jardins et chenevières, contenant 6 c. revenu de..				31.	»s.
Terres labourables.	1ʳᵉ qualité.	18 s.	revenu de..	32	8
—	2º —	22	—	26	8
—	3º —	22	—	13	4
Prés............	1ʳᵉ qualité.	5	revenu de..	30	»
—	2º —	6	—	24	»
—	3º —	7	—	14	»
Pacages.........	1ʳᵉ qualité.	1	revenu de..	1	»
Châtaigneraies....	1ʳᵉ qualité.	6	revenu de..	8	8
—	2º —	11	—	10	9
—	3º —	12	—	5	8
Taillis...........	1ʳᵉ qualité.	5	revenu de..	5	7
—	2º —	3	—	1	17
Chaumes.................		20	revenu de..	5	»
Brandes		5	revenu de..	5	»
				180 l.	14 s.

Ce domaine était affermé à Georges Barbazanges, par bail reçu Baudry, notaire à Tulle, le 6 février 1756, moyennant 150 livres.

Le Séminaire possédait encore au village de Lafond un domaine d'un revenu de 210 livres, neuf sols, affermé à François Maugein, par acte du même notaire, du 5 octobre 1766.

Les dames religieuses de Sainte-Claire de Tulle (1)

---

(1) Le couvent des religieuses de Sainte-Claire fut fondé à Tulle le 16 octobre 1614, en vertu d'une bulle du pape Paul V, *donnée à Rome, dans Saint-Marc, l'an de l'incarnation du Seigneur* 1612 *le vingt-un février, de notre pontificat l'an VIII.*

Les premières religieuses étaient au nombre de seize :

1º Hélène Terrieu, nommée sœur Françoise de Sainte-Claire ;

2º Jeanne de Lostange, nommée sœur Claire de Saint-François;

3º Martialle Borderie, nommée sœur Sainte-Marie de Saint-Bernardin;

possédaient dans le bourg un pré de première qualité de dix sestérées, d'un revenu de 60 livres et affermé au même prix au sieur Pastrie, par acte reçu Rignac, notaire, le 20 décembre 1772. Le curé et la paroisse des Angles ne possédaient aucun bien fonds. Le curé était à la portion congrue de 500 livres payées annuellement par les R. P. Feuillants.

En 1791, la paroisse des Angles fit partie du district de Tulle et les biens des ordres religieux mis sous le séquestre national.

Le 3 janvier de cette année, devant les administrateurs du district, qui étaient MM. Tintignac, Duval, Chadabet, Brival et Brivezac, le domaine de la Ribeyrie, appartenant aux Visitandines, fut adjugé à M. La

---

4° Peyronne de Meynard, nommée sœur Agnès de Saint-Bonnaventure ;

5° Jeanne de Romignac, nommée sœur Cécile de Saint-Antoine ;

6° Marguerite Pécout de Balarant (de Rochechouart, Haute-Vienne), nommée sœur Catherine de Saint-Louis ;

7° La Seconde de Meynard, nommée sœur Sainte-Marthe de Saint-Luc ;

8° Louise Juyé, nommée sœur Magdeleine de Sainte-Elisabeth ;

9° Anne Brivezac, nommée sœur Luce de Saint-Agnès ;

10° Françoise Dubois, nommé sœur Sainte-Élisabeth de Sainte-Anne ;

11° Gabrielle Lagarde, nommée sœur Suzanne de Saint-Michel ;

12° Peyronne Lagarde, nommée sœur Sainte-Agathe de Saint-Gabriel ;

13° Jeanne de Fénis, nommée sœur Sainte-Hélène de Saint-Raphaël ;

14° Jeanne de Queyrou, nommée sœur Sainte-Anne de Saint-Joseph ;

15° Jeanne Lachièze, nommée sœur Christine de Sainte-Anne ;

16° Jeanne Vialle, nommée sœur Sainte-Gabrielle de Saint-Laurent.

La fondatrice fut Françoise de Maignac-Fénélon-Neufville, veuve de Gabriel de Nozières, baron de Nozières et de Malemort, décédée le 11 mai 1605, après avoir donné tous ses biens pour l'établissement du couvent. Elle fut enterrée provisoirement dans la chapelle des Récollets et son corps fut transporté quelques années après dans celle de Sainte-Claire.

Selve de Saint-Avid, seigneur de Cézarin, moyennant 8,100 livres;

Le pré, dit de Salles, appartenant aux Clairettes, fut adjugé à M. de Saint-Priest du Chambon moyennant 3,025 livres;

La grange et pré du seigneur, appartenant aux Feuillants, furent adjugés à M. La Selve de Saint-Avid, moyennant 4,000 livres;

Une bruyère appelée Jonquière, appartenant au Séminaire, fut adjugée à Pierre Malaurie, moyennant 300 livres.

Le 27 du même mois, devant les commissaires de la municipalité des Angles, François Estorges et Jean Barbazanges, assistés de deux membres du directoire du district de Tulle, Pierre Chadabet et Pierre Mombrial, le grand et le petit domaine de Lafond, appartenant au Séminaire, a été adjugé à Jean Neuville, à Jos, de la municipalité de Tulle, moyennant 17,200 livres;

Le domaine d'Aubaspeyras, appartenant au Séminaire, a été adjugé à Pierre Braconat de Tulle, moyennant 15,100 livres;

Le domaine du Grand-Massoulier, appartenant au Séminaire, a été adjugé à Pierre Chadabet, de Tulle, moyennant 14,000 livres;

Le domaine du petit Massoulier, appartenant au Séminaire, a été adjugé au même, moyennant 9,100 livres;

Le 14 mars 1791, devant les membres du directoire du district de Tulle, Pierre Chadabet et François Duval, la rente due aux Feuillants sur le tènement du Coudert et consistant en quatre sestiers trois quarts de coupe de seigle, un sestier quatre coupes et demie de froment, six ras deux coupes et demie d'avoine menue, en 18 sols 8 deniers argent, fut adjugée au sieur Pastrie, de Tulle, moyennant 420 livres 18 sols 8 deniers;

La rente due aux Feuillants sur le tènement du

Massoulier et consistant en dix coupes de froment, cinq sestiers huit coupes et demie de seigle, quatre ras, deux coupes et demie d'avoine, en 9 sols 9 deniers argent, une poule et celle due au Séminaire sur le tènement de Bussières et consistant en 3 sestiers neuf coupes de seigle ; six ras trois coupes d'avoine ; une quarte de châtaignes ; 1 sol 6 deniers argent, furent adjugées au sieur Marouby, moyennant 720 livres 30 sols 4 deniers.

Le 7 avril 1791, devant François Duval et Pierre Monbrial, membres du directoire du district de Tulle, les rentes dues aux Feuillants sur les tènements de la Rebière, Lapeyre et Massoulier, consistant en une coupe et demie de seigle ; un ras quatre coupes d'avoine ; en argent, 6 deniers estimés, 24 livres au sol huit deniers, furent adjugées à Pierre Estorges, des Angles, moyennant 24 livres 1 sol 8 deniers ;

Celle due aux mêmes sur le tènement de Lafond et consistant en deux coupes de froment ; sept coupes et demie de seigle ; en argent, 1 sol 3 deniers, fut adjugée à Antoine Tintignac, de Tulle, moyennant 53 livres 13 sols 4 deniers ;

Celle due aux mêmes sur le tènement des Angles et consistant en trois coupes de froment ; un sestier de seigle ; et argent 1 sol 4 deniers, fut adjugée à Ducher, aubergiste à Tulle, moyennant 109 livres 15 sols.

Le 5 mai 1791, devant Pierre Parjadis et Pierre Monbrial, membres du directoire du district de Tulle, la rente due au prieur des Angles et consistant en onze coupes de froment, trois sestiers trois coupes de seigle, un ras d'avoine, fut adjugée à Pierre Lagier, médecin à Tulle, moyennant 293 livres 5 sols.

Enfin, le 21 prairial an IV, les administrateurs du département de la Corrèze, Barthélemy Roche, Martinie, Ouffaure vendirent au sieur Pierre Rigault fils, de Tulle, la maison curiale et jardin situés au bourg (ancien prieuré), moyennant 1,260 livres.

Aujourd'hui la commune des Angles a une contenance totale de quatre cent soixante-treize hectares quatorze ares dix-neuf centiares répartis de la manière suivante :

Propriétés non bâties..................	438 h.	93 a.	20 c.
Chemins.............................	6	84	94
Ruisseaux	7	28	05
Eglise..............................	»	1	10
Cimetière...........................	»	6	90

Le revenu imposable est de 4,357 fr. 67 c.

Les terres labourables ont une contenance de	128 h.	05 a.	90 c.
Les jardins	»	94	60
Les prés...........................	68	2	60
Les pâtures........................	27	86	20
Les bois taillis.....................	29	39	40
Les futaies........................	3	20	70
Les châtaigneraies	85	72	70
Les bruyères......................	114	67	10
Superficies bâties..................	1	4	»

La population de la commune, qui comptait en 1823 cent soixante-douze habitants, est aujourd'hui de cent trente personnes.

En 1784, le sous-délégué de l'intendant de la province, M. de La Combe, chargé d'établir le rôle des garçons et veufs, depuis deux ans, sans enfants, de vingt à quarante ans pour la levée d'un soldat provincial, levée faite en conformité d'une ordonnance royale du 17 décembre 1774 ne trouve que trois garçons et six hommes veufs, sur ce nombre six sont éliminés pour défaut de taille.

En 1785, le même rôle, rédigé par le même délégué, comprend sept garçons et quatre hommes veufs, tous sont exempts pour défaut de taille : *trop courts* porte le procès-verbal.

L'instruction publique a été très négligée dans cette commune. Le procès-verbal rédigé le 22 octobre 1759 par M. La Selve, vicaire général, chargé d'examiner les comptes de la fabrique, constate que dans la commune il n'y a pas un seul habitant sachant écrire et, par conséquent, capable de remplir les fonctions de membre de la fabrique.

« Veu et examiné, dit-il, les *comtes* de recette et
» de dépense de la fabrique et des *confrairies* de la
» paroisse des Angles, depuis les années 1747 jus-
» ques et y compris 1759 ; la recette montant à la
» somme de 303 livres 10 sols et les dépenses à celle
» de 266 livres 19 sols, partant la recette doit à la
» dépense 36 livres 11 sols qui sont ès-mains de
» M. le Curé, attendu que le syndic fabricien ne sait
» écrire et qu'il n'y a personne qui soit en état d'être
» syndic marguillier et qui sache écrire. »

Depuis cette époque cet état de choses a dû se modifier, et une institutrice, Mᵐᵉ Veyssière, dirige une école mixte depuis 1879.

Les maires qui ont administré la commune des Angles, depuis la création (1790), ont été Rebeyrotte, Estorges et Mas, ce dernier jusqu'en 1833 :

De 1833 à 1844, M. Estorges ;
De 1845 à 1848, M. Tabanon ;
De 1849 à 1855, M. Estorges ;
De 1856 à 1867, M. Paraud ;
De 1868 à 1874, M. Tabanon ;
De 1875 à 1880, M. Pastrie ;

Les percepteurs chargés du recouvrement de l'impôt pour cette commune ont été :

MM. Leix, de 1815 à 1822 ;
Darcambal, de 1823 à 1825 ;
Mary-Duchassain, de 1826 à 1829 ;
Melon, de 1830 à 1834 ;
Leyx de Nussanes, de 1835 à 1839 ;
Chevreau, de 1840 à 1848 ;
Marsillon, de 1849 à 1852 ;
Péchadre, de 1853 à 1865 ;
Fitte, de 1866 à 1880.

La paroisse des Angles possédait une maladrerie fondée par les habitants avec autorisation royale.

Elle était soumise à la justice seigneuriale exercée au prieuré, dont il sera ci-après parlé, au nom des R. P. Feuillants. De 1780 à 1789, M. Sudour, procureur au présidial de Tulle, était juge des affaires soumises à cette juridiction. Dans le dossier de l'une d'elles se trouve une consultation signée par M. Melon de Pradou, avec cette mention au sujet des honoraires : *Gratis pro deo.*

PRIEURÉ ET ÉGLISE DES ANGLES.

Depuis les temps les plus reculés un prieuré existait dans la paroisse des Angles. Ce prieuré était confié à des moines de l'ordre de Saint-Benoit. Le supérieur était conféré par l'abbé de Valette. Il y a lieu de croire qu'il fut fondé par l'illustre famille des Carbonnières dont l'un des membres, Guillaume, fut le dix-septième abbé de Tulle en 1092.

Puto tamen eum, dit Baluze, *ortum esse ex Genti de Carbonarias quæ olim erat illustris in parrochia de Angulis haud procul tutela.*

Dans le chapitre intitulé *Constitutio spoliis monachorum defunctorum,* ce même historien cite un *Heliæ de Malomonte de Angulis* et dit ailleurs, *eadem anno* MCCCXXXIV *Villemus boterii Miles Gimelli dedit et concessit in communi capitulo et in præsentiæ domini Bernardi Ventedoris abbatis tutelensis decem nummos quod habebat in capella de Angulis.*

Ce Guillaume de Carbonnières fut probablement le fondateur de la paroisse des Angles ; il mourut en 1111, après avoir contribué à l'établissement de l'abbaye de Saint-Martin et à la construction de la cathédrale (1).

Jean Martin de Semmarsal, qui mourut en 1624, fut prieur des Angles et de Glény, il était, en outre, conseiller et aumônier ordinaire du Roi.

Il contribua à la fondation, à Tulle, du couvent des Feuillants, auquel il donna le titre de prieur des Angles, avec les fonds, dîmes et rentes qui en formaient les revenus ; en mourant, il fit encore à ce couvent un legs de 300 livres.

Ce monastère exerçait dans la paroisse les droits de seigneur et décimateur. A ses côtés, le curé était à la portion congrue ; ses ressources étaient minimes et il avait de la peine à vivre au milieu d'une population de cent et quelques personnes. Aussi était-il souvent en contestation avec les R. P. Feuillants. L'évêque Jean de Genouilhac intervenait pour vider leurs différends et, par sentence du 3 octobre 1636, il adjugea au curé la moitié *de tous les fruits décimaux en blé, froment, seigle, avoine, blénoir, chanvre, agneaux, laine et généralement toutes suites naissant et croissant dans la paroisse des Angles.*

Malgré cet avantage, le curé de cette époque, Jean Valette, trouve que la position est trop difficile, et par acte notarié du 14 novembre 1639, il somme M. Jean-Baptiste Saint-Priest, trésorier de l'église cathédrale de Tulle, de lui attribuer la grande vicairie de la cathédrale, vacante par le décès du titulaire, M. Philippe Plantade. Le trésorier répond qu'il ne peut pas obten-

---

(1) La famille de Carbonnières était alliée à la célèbre maison des vicomtes de Comborn. A cette même famille appartenait aussi Hugues de Carbonnières dont les armoiries figurent dans la 4e salle des croisades, au musée historique de Versailles, comme ayant pris part à la sixième Croisade en 1248. Cette famille portait dans ses armes : Bordé d'argent et d'azur de huit pièces, à huit charbons de sable, allumée de gueule, posée 1-3, 3 et 1 sur des bandes d'argent.

pérer à cette demande et conteste les droits du sieur Valette à l'obtention de cette place.

En 1790, les Feuillants furent obligés de faire connaître l'état des fonds du prieuré des Angles. D'après la déclaration signée, le 10 novembre de cette année, par D. Gaillardon, prieur des Feuillants et des Angles, cet état se compose :

1° Un pré et une grange, affermés au sieur François Estorges ;

2° Une maison, écurie, cave et jardin, affermés au sieur Béronie, curé des Angles, moyennant la somme annuelle de 24 livres, par contrat reçu de Rignac, le 10 septembre 1789.

Nota : Une partie de la maison prévôtale des Angles est affermée au curé. Le restant est réservé aux Feuillants. Les dîmes affermées quatre-vingt-seize sestiers de seigle et dix quintaux de paille.

RENTES.

Froment : dix sestiers cinq coupes un quart ; seigle : cent neuf sestiers, huit coupes un quart ; avoine : cent soixante-neuf sestiers, onze coupes trois quarts ; argent : 12 livres, 35 sols, neuf deniers ; quinze poules ; cinq journées de corvée.

CHARGES DU PRIEURÉ DES ANGLES.

Pour la portion congrue du sieur curé des Angles, la somme à payer pour 1790........ 700 l. »
Pour tailles et capitation à payer.... 27 l. »
Pour le vingtième à payer pour 1790. 99 l. 18 s.

TOTAL......... 287 70

ENTRETIEN DE LA SACRISTIE A ÉVALUER.

Les principaux curés de la paroisse des Angles ont été :

1613, Jean-Martin de Semmarsal ;
1624, Delafont ;
1652, Valette ;
1686, Meyrignac ;
1700, Darluc ;
1765, Villadard ;
   »   Vareille ;
   »   Orliaguet ;
1765, Candèze ;
1788, Béronie.

Le 25 mars 1762, le sieur Cuq fut nommé marguillier, chargé de la quête pour la rédemption des captifs.

La fête patronale de la paroisse est célébrée chaque année le dimanche de l'octave de la fête de l'Assomption.

D'après un usage très ancien, on nomme un roi et une reine qui sont les héros de la fête, et ont pour prérogative de marcher à la tête de la procession ; M. le Curé pose son étole sur leurs têtes. Pendant cette cérémonie, la cloche sonne à toute volée et le chœur chante le verset du *Magnificat : Deposuit potentes de sede et exaltavit humiles.*

Cet usage, connu sous le nom de *Reinage*, a disparu dans presque toutes les communes du département ; mais il existe encore dans celle des Angles. L'honneur de la royauté est mis aux enchères et attribué à celui ou à celle qui s'est engagé à payer à la fabrique la plus grande quantité de cire.

On lira peut-être avec un certain intérêt les noms des rois et reines aux xviie et xviiie siècles (1).

En 1624 : roi de la frérie, Etienne Delafond, curé des Angles, moyennant 17 livres de cire dont la valeur a été employée à acheter une image de Notre-Dame ; reine, Catherine Maisonneuve, de Fressinges, paroisse de Saint-Etienne-de-Gimel, moyennant 7 livres de cire.

En 1632 : roi, Antoine Moussours ; reiné, Marie-Antoinette Sarrut, moyennant 14 livres 1/2 de cire ;

En 1633 : roi, Jehan Petit-Coudert, moyennant 10 livres de cire ; reine, Jeanne Dumond, femme d'Antoine Soularue, de la paroisse de Saint-Etienne-de-Gimel ,moyennant 10 livres 1/2 de cire ;

En 1634 : roi, Bertrand Boisset, moyennant 11 livres de cire ; reine, Rose Coudert, moyennant 13 livres de cire ;

En 1635 : roi, Antoine Vergne, moyennant 11 livres de cire ; reine, Marguerite Soularue, moyennant 14 livres de cire ;

En 1636 : roi, Bonis, moyennant 10 livres ; reine, Léonarde Lafond, moyennant 11 livres ;

En 1637 : roi, Jean Bassaler, moyennant 20 livres ; reine, Marie Maugein, femme à Jean Aubaspeyras, moyennant 10 livres ;

En 1638 : roi, Jehan Maillot, moyennant 12 livres 1/2 ; reine, Jehane Escure, moyennant 13 livres ;

En 1639 : roi, Jehan Coudert, moyennant 15 li-1/2 ; reine, Antoinette Lafond, femme à Jehan Soulier, moyennant 12 livres ;

En 1640 : nomination du roi et de la reine en

---

(1) Bibliothèque de M. Chabrerie, vicaire à Naves.

patois; roi, Michel Veyriras, moyennant 9 livres; reine, Jehane Vergnier, moyennant 12 livres;

En 1641 : les mêmes, aux mêmes conditions ;

En 1642 : roi, Bernard Boisset, laboureur du canton d'Aubaspeyras, moyennant 7 livres ; reine, Marguerite Rebeyrie, moyennant 15 livres ;

En 1643 : roi, Mathieu Lafond, moyennant 19 livres 1/2 ; reine, Anne Moussours, moyennant 40 livres ;

En 1644 : roi, Antoine Py, moyennant 28 livres ; reine, Mion Lofficial, moyennant 47 livres ;

En 1645 : roi, Jean Marty ; reine, Anne Jos, moyennant 35 livres chacun ;

En 1646 : roi, Jean Jos, moyennant 11 livres 1/2 ; reine, Humine Vergne, de la paroisse de Saint-Julien de Tulle, moyennant 31 livres ;

En 1647 : roi, Antoine Massoulier, moyennant 8 livres ; reine, Anne Merlines, moyennant 35 livres ;

En 1648 : roi, Jean Massoulier, de Fressinges, paroisse de Saint-Etienne-de-Gimel, moyennant 14 livres ; reine, Anne Barrière, moyennant 36 livres ;

En 1649 : roi, Jacques Jos, de Lafond, paroisse des Angles, moyennant 9 livres ; reine, Anne Lofficial, de la paroisse de Saint-Julien-de-Tulle, moyennant 40 livres ;

En 1650 : roi, François Broussoles, de Freyssinges, paroisse de Saint-Etienne-de-Gimel, moyennant 16 livres ; reine, Duminie Vergne, de la paroisse de Saint-Julien de Tulle, moyennant 30 livres ;

En 1651 : roi, Léger Massoulier, à Freyssinge, de Saint-Etienne-de-Gimel, moyennant 10 livres; reine, Anne Lafon, du bourg des Angles, moyennant 26 livres ;

En 1652 : roi, Massoulier, Léger, du Massoulier,

paroisse des Angles, moyennant 20 livres; reine, Françoise Sol, femme à Léger Faugères, de Lafond, même paroisse, moyennant 26 livres;

En 1653 : roi, Barthélemy Moussours, marchand à l'official, paroisse de Saint-Julien-de-Tulle, moyennant 21 livres 1/2; reine, Martialle Dumont, de Condaillac, paroisse de Saint-Etienne-de-Gimel, moyennant 31 livres;

En 1654 : roi, Jean Puyabilier, bourgeois, de Tulle, moyennant 24 livres; reine, Thérèze Rebeyrie, femme de Léonard Broussoles, de Freyssinges, paroisse de Saint-Etienne-de-Gimel, moyennant 31 livres;

En 1655 : roi, Aymard Lachèze, de la paroisse de Saint-Julien-de-Tulle, moyennant 28 livres; reine, Jeanne Charrière, femme de Pierre Laval, à Laval, même paroisse, moyennant 32 livres;

En 1656 : roi, le même, moyennant 32 livres; reine, Jacquette Coudert, femme de Jean Bouysse, de Freyssinge, paroisse de Saint-Etienne-de-Gimel, moyennant 31 livres;

En 1657 : roi, François Coudert, à la Barrière, paroisse des Angles, moyennant 27 livres; reine, la femme de Jean Darlue, marchand à Tulle, moyennant 31 livres 1/2;

En 1658 : Gorsse, bourgeois de Tulle, moyennant 20 livres; reine, la femme d'Antoine Massoulier, moyennant 32 livres;

En 1659 : roi, François Myrat, du Mirat, paroise de Saint-Pierre de Tulle, moyennant 29 livres; reines, Marie de Maillard, femme à Puyhabilier, bourgeois de Tulle, moyennant 29 livres;

En 1660 : roi, Léonard Valette, moyennant 20 livres; reine Anne Vabaret, moyennant 28 livres;

En 1661 : roi, Antoine Moussours, papetier à

Saint-Germain, moyennant 21 livres ; reine, la femme d'Antoine Massoulier, moyennant 26 livres ;

En 1662 : roi, Antoine Tueix, menuisier de Tulle, moyennant 23 livres ; reine, Léonarde Massoulier, femme à Jean Coudert, du Coudert, paroisse des Angles, moyennant 23 livres ;

En 1663 : roi, Dumini Pimond, des Horts, paroisse de Chanac ; reine, Jeanne Plas, femme Treich, de Tulle; moyennant 23 livres chacun ;

En 1664 : roi, Jacques Lidove, de Lafond, paroisse des Angles, moyennant 44 livres ; reine, Léonarde Coudert, du Coudert, même paroisse, moyennant 24 livres ;

En 1665 : roi, Antoine Roche, du Massoulier, paroisse des Angles, moyennant 5 livres ; reine, Marie Lespinasse, femme de Jean Soularue, du Mons, paroisse de Saint-Etienne-de-Gimel, moyennant 37 livres ;

En 1666 : roi, Jean Geneste, de Charissoux, paroisse de Saint-Etienne de Gimel, moyennant 49 livres 1/2 ; reine, Perrette Mazin, femme de Pierre Lachaize à l'Official, paroisse de Saint-Julien-de-Tulle, moyennant 34 livres ;

En 1667 : roi, Dumini Pimond, du Trech, paroisse de Chanac, moyennant 42 livres 1/2 ; reine, la femme de Noël Rebeyrie, moyennant 40 livres ;

En 1668 : roi, Pierre Coudert, du Coudert, paroisse des Angles, moyennant 41 livres ; reine, Dauphine Jos, de Jos, paroisse de Saint-Julien-de-Tulle, moyennant 36 livres ;

En 1669 : roi, Antoine Broussolles, moyennant 40 livres ; reine, Marie Lespinasse, moyennant 4 livres ;

En 1670 : roi, Darche, trésorier général de France, moyennant 22 livres ; reine, Louise Massoulier, de

Charissoux, paroisse de Saint-Etienne-de-Gimel, moyennant 15 livres ;

En 1671 : roi, Bernard Valette, de la paroisse de Bar, moyennant 10 livres ; reine, Jeanne Charrière, femme de Pierre Laval, de Laval, paroisse de Saint-Julien-de-Tulle, moyennant 9 livres ;

En 1672 : roi, Bernard Coudert, du Coudert, paroisse des Angles, moyennant 15 livres ; reine, Léonarde Alleyrat, femme de Léonard Dumond, à Condaillac, commune de Saint-Etienne-de-Gimel, moyennant 17 livres ;

En 1673 : roi, Pierre Coudert, du village du Coudert, paroisse des Angles, moyennant 20 livres ; reine, Marie Coudert, des Barrières, même commune, moyennant 11 livres ;

En 1674 : roi, Jean Ceaux, à Lavergne, paroisse de Saint-Julien-de-Tulle, moyennant 14 livres ; reine, la femme de Mathieu Pouget, à Laborie, paroisse des Angles, moyennant 10 livres ;

En 1675 : roi, Jacques Dubois, du Bos, paroisse de Bar, moyennant 12 livres ; reine, Jeanne Jalinier, à Tulle, rue d'Alverge, moyennant 10 livres ;

En 1676 : roi, François Broussoles, à Freyssinges, paroisse de Saint-Etienne-de-Gimel, moyennant 15 livres ; reine, Geneviève de Lavialle, femme du Mᵉ Loyac, bourgeois de Tulle, moyennant 12 livres ;

En 1677 : roi, Léonard Dumard, praticien à Condaillac, paroisse de Saint-Etienne-de-Gimel, moyennant 14 livres ; reine Marie Coudert, femme d'Antoine Gilet, au Massoulier-des-Angles, moyennant 10 livres 1/2 ;

En 1678 : roi, Mathieu Pouget, métayer du sieur du Mazel, à Laborie-des-Angles, moyennant 13 livres 1/2 ; reine, Anne Maugein, moyennant 11 livres ;

En 1679 : roi, Guillaume Loyac, fils de Mᵉ Loyac, bourgeois de Tulle, moyennant 12 livres ; reine,

Antoinette Boysset, de Lacombe-des-Angles, moyennant 14 livres;

En 1680 : roi, Jean Moussours, marchand papetier, à l'Official-de-Tulle, moyennant 23 livres; reine, Jeanne Plas, femme de Noël Malaurie, moyennant 20 livres;

En 1681 : roi, un fils du précédent, moyennant 12 livres; reine, Léonarde Dumond, femme de Léger Massoulier, de Lafond-des-Angles, moyennant 13 livres 1/2;

En 1682 : roi, Sartelon, moyennant 11 livres; reine, femme de Léonard Valette, au Coudert-des-Angles, moyennant 12 livres;

En 1683 : roi, Pierre Vandesme, fournier à Tulle, moyennant 7 livres; reine, Françoise Jos, femme de Léonard Vareille, à Lafond-des-Angles, moyennant 9 livres;

En 1684 : roi, Jean Faugères, métayer de M. d'Arche, trésorier général de France, dans son domaine de Lauzelou-de-Tulle, moyennant 9 livres; reine, Marguerite Dubois, femme Toulière, au Bos-de-Bar, moyennant 10 livres;

En 1685 : roi, Antoine Malaurie de Laval, de Tulle, moyennant 10 livres; reine, Antoinette de Douhet, veuve d'Antoine Moussours, marchand à Tulle, quartier d'Alverge, moyennant 10 livres;

En 1686 : roi, Jean-Antoine Malaurie, à Laval, de Tulle, moyennant 20 livres; reine, Martialle Dumond, femme de Jean Maugein, à Condaillac-de-Gimel, moyennant 20 livres;

En 1687 : roi, Pierre Malaurie, de la Malaurie, de Tulle, moyennant 15 livres; reine, Antoinette Gibiat, femme de Léonard Massoulier de Condaillac, de Gimel, moyennant 14 livres 1/2;

En 1688 : roi, Etienne Chaveroche de la Ratonie,

de Naves, moyennant 25 livres 1/2 ; reine, Léonarde Mougein, de Mougein-de-Naves, 20 livres ;

En 1689 : roi, Pierre Coudert, du Coudert-des-Angles, 17 livres 1/2 ; reine, Jeanne Bleine, de Jos-de-Tulle, 16 livres ;

En 1690 : roi, Léonard Valette, de Lafond-des-Angles, 10 livres ; reine, Catherine Mérigonde, de Tulle, 17 livres ;

En 1691 : roi, Antoine Serre, du Mons-de-Gimel, 15 livres ; reine, Toinette Lapeyre, de Lapeyre-de-Saint-Mexant, 21 livres ;

En 1692 ; roi, le même, 16 livres ; reine, Anne Drullioles, de Tulle, 22 livres ;

En 1693 : roi, Antoine Chaveroche, à Laval-de-Tulle, 17 livres ; reine, Martialle Dumond, femme de Jean Pimond, 11 livres ;

En 1694 : roi, Antoine Malaurie, à Laval-de-Tulle, 11 livres ; reine, Toinette Mérigonde, 9 livres 1/2 ;

En 1695 : roi, Pierre Serre, de Serre-de-Tulle, 8 livres ; reine, Aymée de Fénis, 20 livres ;

En 1696 : roi, Jean Mérigonde, de Giguet-de-Tulle, 10 livres ; reine, Jeanne Ratonie, femme de Bertrand Maugein, de la Ratonie-de-Naves, 11 livres ;

En 1697 : roi, Pierre Arfoulière, de la Malaurie-de-Tulle, 17 livres ; reine, Jeanne Machat, de Tulle, 18 livres ;

En 1698 : roi, Pierre Serre, du Mons-de-Tulle, 17 livres ; reine, Thérèze de Teyssier, de Tulle, 22 livres ;

En 1699 : roi, Jean Pimond, à Condaillac-de-Gimel, 13 livres ; reine, Catherine Gau, femme de Gérard Rabès, à Jos-de-Tulle, 21 livres ;

En 1700 : roi, Valette, Jean, au Massoulier-des-Angles, 20 livres ; reine, Gabrielle d'Arche, fille à

M. d'Arche, seigneur de Lauselou, près Tulle, 26 livres ;

En 1701 : roi, Léonard Valette, des Angles, 12 livres ; reine, Anne Rebeyrotte, du Mons-de-Gimel, 15 livres ;

En 1702 : roi, Jean Berthoumeyrie, maître remouleur de canons, à Lavergne-de-Tulle, 14 livres ; reine, Gasparde Pouilhat, femme de Jean Ribeyrie, à la Ribeyrie-des-Angles, 21 livres ;

En 1703 : roi, Pierre Malaurie, à la Malaurie-de-Tulle, 17 livres 1/2 ; reine, Catherine Peyrat, du Mons-de-Gimel, 20 livres 1/2 ;

En 1704 : roi, Guillaume Deveix, du bourg des Angles, 16 livres ; reine, Jeanne Ribeyrie, femme de Jean Vareille, 15 livres ;

En 1705, roi, Antoine Berthoumeyrie, de Lavergne-de-Tulle, 20 livres ; reine, Charlotte Pouget, 11 livres ;

En 1706 : roi, le même, 14 livres ; reine, la même, femme de Jean de la Peyroune, 8 livres ;

En 1707 : Jean Ribeyrie, de la Ribeyrie-des-Angles, 10 livres 1/2 ; reine, Louise Pouget, femme de Guillaume Deveix à Aubaspeyras-des-Angles, 6 livres 1/2 ;

En 1708 : les mêmes, 7 et 8 livres ;

En 1709 : roi, Antoine Malaurie, de Laval-de-Tulle, 6 livres 1/2 ; reine, Jeanne Jarrige, de Naves, 3 livres ;

En 1710 : roi, Raymond Arfeuillère, de la Malaurie-de-Tulle, 6 livres ; reine, Julienne Arfeuillère, à Giguet-de-Tulle, 8 livres 1/2 ;

En 1711 : roi, Pierre Jos, de Jos-de-Tulle, moyennant 20 livres ; reine, Antoinette Soleilhavoup, de la Geneste-de-Naves, femme de Pierre Bach, moyennant 15 livres ;

En 1712 : roi, Maugein, Pierre, du Mougein-de-

Naves, moyennant 12 livres 1/2 ; reine, Madelmont, Catherine, de Champeaux-de-Tulle, moyennant 11 livres ;

En 1713 : roi, Deveix, Guillaume, moyennant 17 livres 1/2 ; reine, Catherine Dieuaide, moyennant 13 livres 1/4 ;

En 1714 : roi, Pierre Arfeuillère, de la Malaurie-de-Naves, moyennant 18 livres ; reine, Françoise Maugein, femme du sieur Carabin, moyennant 11 livres ;

En 1715 : roi, Jérôme Pouget, moyennant 18 livres 1/2 ; reine, Martine Faugeras, moyennant 17 livres 1/4 ;

En 1716 : roi, Pierre Aubaspeyras, moyennant 18 livres 1/2 ; reine, Martine Fargues, moyennant 21 livres ;

En 1717 : roi, Jean Madelmont, moyennant 12 livres 1/2 ; reine, la femme Martine Faugeras, moyennant 9 livres ;

En 1718 : roi, Jean Madelmont, moyennant 6 livres ; reine, Marguerite Péroussie, moyennant 10 livres ;

En 1719 : roi, Pierre Arfeuillère, moyennant 12 livres 1/2 ; reine, Anne Tulière, moyennant 14 livres ;

En 1720 : roi, Jean Soulier, moyennant 13 livres, reine, Toinette Béronie, moyennant 10 livres 1/2 ;

En 1721 : roi, Pierre Maugein, moyennant 14 livres ; reine, Léonarde Leyrat, moyennant 14 livres ;

En 1722 : roi, Michel Arfeuillère, moyennant 21 livres ; reine, la femme de Carabin, moyennant 20 livres ;

En 1723 : roi, Bertrand Leygonie, moyennant 12 livres 1/2 ; reine, Jeanne Moussours, moyennant 9 livres ;

En 1724 : roi, Jean Leyry, moyennant 11 livres 1/2 ;

reine, Jeanne Rebeyrie, moyennant 6 livres 1/2;

En 1725 : roi, Géral Pouget, moyennant 18 livres; reine, Marie Serre, moyennant 11 livres;

En 1726 : roi, Pierre Barry, moyennant 17 livres; reine, Marthe....., moyennant 12 livres;

(Lacune.)

En 1747 : roi, Martial Beyssat, moyennant 4 livres; reine, Marie Lespinasse, moyennant 1 livre 1/2;

En 1748 : roi, le même, moyennant 2 livres; reine, Toinette Féréol, moyennant 3 livres ;

En 1749 : roi, Pierre Vareille, moyennant 2 livres; reine, Jeanne Villirase, moyennant 2 livres;

En 1750 : roi, Pierre Vareille, moyennant 2 livres 1/4; reine, Catherine Serre, moyennant 2 livres 1/4;

En 1751 : roi, Pierre Barbazanges, moyennant 1 livre 1/2; reine, Marguerite Deveix, moyennant 1 livre;

En 1752 : roi, Dumini Myginiac, moyennant 1 livre; reine, Marguerite Deveix, moyennant 3/4 de livre;

En 1753 : roi, le même, moyennant 1 livre 1/2 ; reine, Martiale Barbazange, 3/4 de livre;

En 1754 : roi, Pierre Soulier, 2 livres; reine, la même, 2 livres;

En 1755 : roi, Mathieu Pouget, 2 livres; reine, Philippe Vidaud, 1 livre;

En 1756 : roi, le même, 4 livres; reine, Filion Chabrerie, 15 livres;

En 1757 : roi, Léonard Chabrerie, 2 livres; reine, Catherine Teulière, 3/4 de livre;

En 1758 : roi, Antoine Charain, 17 livres; reine, Jeanneton Charain, 8 livres;

En 1759 : roi, François Estorges, 11 livres ; reine, Duminie Massoulier, 7 livres ;

En 1760 : roi, Maugein, dit le Manet, 1 livre ; reine, Toinette Plazac, 1 livre ;

En 1761 : roi, Léonard Barbazanges, 1 livre 1/2 ; reine, Catherine Soulié, 1 livre 1/4 ;

(*Lacune*).

En 1764 : roi, Val, Pierre, de la Coutausse-de-Naves, 40 livres ; reine, Léonarde Rougier, du même lieu, 9 livres 1/2 ;

En 1765 : roi, Léonard Bassaler, jardinier, à Jos-de-Tulle, 16 livres ; reine, Jeanne Peyrussie de Lavergne-de-Tulle, 5 livres ;

En 1766 : roi, Georges Barbazanges, à Aubaspeyras-des-Angles, 17 livres ; reine, Marie Madelmond, 4 livres ;

En 1767 : roi, Jean Chaulange, de Tulle, 20 livres ; reine, Magdeleine Faugères, à Simonnet-de-Tulle, 4 livres 1/4 ;

En 1768 : roi, Pierre Vareille, du Bourg, 10 livres ; reine, Marianne Poissac, 4 livres ;

En 1769 : roi, Jean Maugein, à Lafond-des-Angles, 15 livres ; reine, Marguerite Vareilles, épouse Estorges, 12 livres ;

En 1770 : roi, le même, 10 livres ; reine Léonarde Dubois des Champs-de-Brach, 6 livres ;

En 1771 : roi, Jean Deveix, 12 livres ; reine, Léonarde Cueilles, de Freyssinges, 8 livres ;

En 1772 : roi, Jean Malaurie, de Laval, 11 livres ; reine, Jeanne Malaurie, 8 livres ;

En 1773 : roi, Jean Barbazange, 8 livres ; reine, Léonarde Chabannes, de Vedrenne-de-Chanac, 9 livres ;

(*Lacune*).

En 1785 : roi, Pierre Rebeyrie, 8 livres ; reine, Duminy Touzac, 2 livres 1/4 ;

En 1786 : roi, Pierre Barbazange, 3 livres 1/4 ; reine, la même, 2 livres 1/4 ;

En 1787 : roi, le même, 5 livres 1/4 ; reine, la même, 2 livres 1/4 ;

En 1788 : roi, Jean Dubois, de Freyssinges-de-Gimel, 4 livres ; reine, Léonarde Chabrerie, de Vedrenne-de-Chanac, moyennant 1 livre 1/4 ;

L'avant-dernier curé de la paroisse des Angles fut l'abbé Candèze, prêtre du diocèse de Saint-Flour. A cette époque les curés étaient installés dans leur église par un notaire qui dressait procès-verbal de ce fait. Il semble curieux de faire connaître celui qui fut rédigé dans cette circonstance :

« Aujourd'hui, 25 du mois d'octobre 1765, avant midi, en avant la grande porte de l'église paroissiale, de la cure et vicairie perpétuelle de Notre-Dame-des-Angles, diocèse de Tulle, par-devant le notaire royal et apostolique de la ville et diocèse de Tulle, soussigné, présents les témoins bas-nommés, a été constitué en sa personne, M. Jean Candèze, prestre et prieur des Nozerolles, diocèse de Saint-Flour, natif du village de Lasvergnes, paroisse de Saint-Sigismond, du même diocèse, lequel nous a dit avoir été pourvu du bénéfice cure et vicairie perpétuelle de Notre-Dame-des-Angles, suivant l'acte de nomination et présentation du R. P. prieur des Feuillants de ladite ville de Tulle, comme patron de ladite cure et vicairie perpétuelle de Notre-Dame-des-Angles, ledit acte daté du 23 du courant, en conséquence duquel le visa aurait été donné au sieur Candèze par Monseigneur l'évêque dudit Tulle, par le ministère de Monsieur son vicaire général, en date du jour d'hier, signé Melon de Pradou, *Vicarius generalis*, Ménager et Barry, et plus bas, *de mendato vicariis generalis* : en conséquence, le sieur Candèze nous a requis de vouloir le mettre dans la possession réelle et perpétuelle dudit bénéfice, cure et vicairie perpétuelle de Notre-Dame-des-Angles, et, à cet effet, s'est présenté M. Jean Candèze, revêtu d'un surplis avec une étolle, a fait l'ouverture de la grande porte de l'église où nous l'avons introduit, a pris de l'eau bénite, est allé au bas du marche-pied de l'autel, où il a fait sa prière à genoux, monté à l'autel, l'a baisé, ouvert le Missel, dit l'Evangile, ouvert le tabernacle, touché les vases sacrés, a été visiter les fonts-baptismaux, monté en chaire, s'est placé à la stalle curiale, est entré dans la sacristie, visité et touché les ornements, et ensuite a sonné la cloche...

» Et nous sommes sortis devant la grande porte, où, en présence de nos témoins et des habitants et paroissiens de la présente paroisse, avons crié à haute et intelligible voix s'il y avait aucun qui s'opposât à la présente mise en possession....................

» Personne ne s'y etant opposé...............

» Témoins : Léonard Bussières, prêtre, docteur en théologie, communaliste de l'église paroissiale de Saint-Pierre-de-Tulle ; sieur François Sudour, greffier de police ; Jean Pascal, marchand de ladite ville de Tulle ; de Jurbert, notaire. »

Le curé, n'ayant pas de presbytère et étant obligé d'affermer un logement, dans le château Formant, prieuré appartenant aux pères Feuillants, moyennant 24 livres par an, demanda à l'intendant de la généralité de la province d'imposer les habitants pour le paiement de cette somme. Ceux-ci, sommés par acte notarié de fournir un logement au curé, répondirent que cela leur était impossible et préférèrent payer l'impôt annuel de 24 livres.

Le bail consenti au curé, devant le notaire Brivezac, est signé par dom frère Joseph de Saint-Salut Delzor, prieur de la communauté des R. P. Feuillants de Tulle, dom Gabriel de Saint-Calixte Foucaud, *syndic celarier* de ladite communauté; dom frère Antoine de Saint-Pierre Pradalier, religieux; dom frère Léonard de Sainte-Valerie Buisson, religieux agissant en qualité de seigneurs prieurs de la paroisse des Angles. L'appartement loué se composait de la moitié du vestibule, de la chambre servant de cuisine et de la chambre joignant avec deux cabinets et l'alcôve; de la moitié de la cave, de la moitié de la fainière et du jardin.

Le curé Candèze fit fondre, en 1774, la cloche qui existe encore dans l'église. Ses ressources étaient médiocres, il fut obligé de recourir à des emprunts aux pères Feuillants, à maître Léonard Bussières, docteur en théologie, au sieur Jean-Baptiste Martin, fondeur. Les billets restèrent impayés à l'échéance, et des poursuites exercées contre lui devant le présidial de Tulle.

Son église était dans un état de pauvreté regrettable. Le 27 août 1783, M. Jean-Louis de Fénis de Lacombe, grand prévôt de l'église cathédrale et vicaire général, fut chargé par l'évêque de visiter la paroisse des Angles.

Le procès-verbal de constat est ainsi conçu :

» Nous, Louis de Fénis de Lacombe, prévôt de l'église cathédrale et vicaire général de Monseigneur l'illustrissime et révérendissime évêque, seigneur et vicomte de Tulle, étant en cours de visite avec lui, nous sommes transporté par son ordre et conformément à son mandement de visite du 29 juin dernier en la paroisse des Angles où nous avons été reçu par le sieur Candèze, curé de ladite paroisse, qui nous a certifié avoir publié au prône ledit mandement; après les cérémonies ordinaires, nous avons procédé à la visite de ladite église dans laquelle nous avons remarqué : 1° Que le crucifix du grand autel est trop petit, que le tableau a besoin d'être rafraîchi, que les planches de la table de l'autel sont pourries et que la pierre sacrée n'est point assujettie et que les cartons pour la messe sont usés ; 2° que le plancher du sanctuaire a besoin d'être réparé ; 3° que la doublure en soie du tabernacle est usée, qu'une des glaces de l'ostensoir est cassée, que le pied dudit ostensoir est en cuivre ; 4° que la chaire du prédicateur est usée et indécente ; 5° que le vase des crémières est usé et indécent ; 6° qu'il n'y a point de croix sur le confessionnal ; 7° que le plancher de la tribune a besoin d'être réparé et le lambris du sanctuaire d'être assujetti ; 8° que les nappes qui sont sur l'autel de Notre-Dame sont pourries ; 9° que l'ornement noir est usé et hors d'état de service, que les voiles des ornements violets et rouges sont usés, qu'il n'y a qu'une aube et un surplis en bon état, qu'il manque les étoles pastorales nécessaires, qu'il n'y a pas nombre suffisant de nappes pour le grand autel, ni d'amicts et qu'il manque une fontaine dans la sacristie. — Fait et clos le présent verbal aux Angles, les mêmes jour et an que dessus. »

Par ordonnance du 27 août 1783, signé ✝ Charles-Jo.-Ma., l'évêque de Tulle prescrit au curé de se conformer aux injonctions du grand prévôt. Le malheureux Candèze eut de la peine à trouver les ressources nécessaires pour remédier à cet état de choses. Il mourut misérablement, d'après la tradition, par une morsure d'un chien atteint d'hydrophobie. A sa mort, les Feuillants firent apposer les scellés sur son modique mobilier qui fut vendu aux enchères publiques.

Le dernier curé de la paroisse des Angles fut le sieur Béronie ; cet estimable prêtre a laissé des souvenirs trop sympathiques dans le pays pour que son nom soit prononcé sans être suivi de quelques notes biographiques :

Béronie (Nicolas) naquit à Tulle, en 1742, et fit avec succès ses études au collège des jésuites de cette ville. Son application, son zèle à s'instruire en firent bientôt un des élèves les plus distingués. Ses études terminées, il se consacra à l'état ecclésiastique et lorsque les Théatins remplacèrent à Tulle les Jésuites, il fut nommé professeur d'humanités. Pendant vingt-six ans, il occupa cette chaire avec la plus grande distinction. C'est pendant cette période de temps, qu'il se livra d'une manière particulière à l'étude du patois et réunit sur cet idiome les notes les plus variées et les plus précieuses. Nommé à la cure de Veyrat, il demanda et obtint celle des Angles, beaucoup moins importante, mais lui laissant des loisirs nombreux qu'il consacrait aux lettres.

En 1789, il fut désigné comme commissaire chargé de rédiger le cahier des demandes du clergé, assemblé à Tulle le 12 mars. — Lors de la création des écoles centrales, l'abbé Béronie fut nommé bibliothécaire de l'école centrale de Tulle. — Il rendit dans ce nouveau poste de grands services en mettant dans le classement des livres et manuscrits cet ordre nécessaire aux recherches des savants. Lorsque cette bibliothèque fut fermée, Béronie entreprit l'éducation de quelques enfants et coordonna toutes les recherches qu'il avait faites sur les langues limousines. La mort le surprit en 1820, lorsqu'il mettait la dernière main à ce travail. Le gouvernement en ordonna l'impression, sur le rapport du secrétaire perpétuel de l'académie.

M. Joseph-Anne Vialle, avocat à Tulle, le publia sous ce titre : *Dictionnaire du patois du Bas-Limousin et plus particulièrement des environs de Tulle*, ouvrage posthume de Nicolas Béronie, prêtre, professeur émérite de rhétorique. On y lit à la page 44 après le mot patois Couire (cuivre) la note suivante : *Le dictionnaire du patois bas-limousin était imprimé jusqu'ici, lorsque la mort a frappé M. Béronie son auteur. M. le Préfet de la Corrèze a confié à M. Vialle, avocat, la continuation de l'é-*

dition. Ses conférences journalières avec l'auteur, son ami intime, lui suggérèrent quelques additions ; elles seront placées entre deux parenthèses. M. Raynouard (de l'Institut) a fait l'éloge de cet ouvrage dans le *Journal des Savants* (n° de février 1824). Il nous apprend, qu'en 1817 Béronie avait adressé son travail au ministre de l'intérieur qui le renvoya à l'Académie, qui l'accueillit avec faveur. Le ministre accorda alors une somme de 3,000 fr. pour les frais d'impression. Le livre dédié à M. Finot, préfet de la Corrèze, porte cet épigraphe : *uno avulso non deficit alter.*

Après 1789, la paroisse des Angles n'existe plus ; elle fut annexée (1802) pour le service religieux à celle de Gimel. Pendant l'époque révolutionnaire, un ancien sacristain, nommé Deveix, accompagnait les morts en chantant les psaumes des dernières prières. Le curé de Gimel, à partir de l'annexion, venait dire la messe aux Angles, seulement une fois par an, le jour de la fête patronale. Plus tard, le service fut assuré par les curés et vicaires de Bar et de Naves, et la messe dite tous les dimanches. Aujourd'hui il est confié à un prêtre de Tulle.

www.ingramcontent.com/pod-product-compliance
Lightning Source LLC
Chambersburg PA
CBHW061009050426
42453CB00009B/1338